www.ingramcontent.com/pod-product-compliance
Lightning Source LLC
LaVergne TN
LVHW072052060526
838200LV00061B/4719

מִלוֹן תְּמוּנוֹת רִאשׁוֹן
חַיּוֹת
First Picture Dictionary
Animals

פַּרְפַּר
Butterfly

חֲזִיר
Pig

שׁוּעָל
Fox

אַרְנֶבֶת
Rabbit

אֻיָּר עַל־יְדֵי אָנָה אִיוָנִיר

www.kidkiddos.com
Copyright ©2025 by KidKiddos Books Ltd.
support@kidkiddos.com

All rights reserved. No part of this book may be reproduced in any form or by any electronic or mechanical means, including information storage and retrieval systems, without written permission from the publisher, except in the case of a reviewer, who may quote brief passages embodied in critical articles or in a review.
First edition, 2025

Library and Archives Canada Cataloguing in Publication
First Picture Dictionary - Animals (Hebrew English Bilingual edition)
ISBN: 978-1-83416-282-9 paperback
ISBN: 978-1-83416-283-6 hardcover
ISBN: 978-1-83416-281-2 eBook

אֱיָל קוֹרֵא
Moose

זְאֵב
Wolf

✦ הָאַיָל הַקּוֹרֵא הוּא שַׂחְיָן מְצוּיָן וְיָכֹל לִצְלֹל תַּחַת הַמַּיִם כְּדֵי לֶאֱכֹל צְמָחִים!
✦A moose is a great swimmer and can dive underwater to eat plants!

סְנָאִי
Squirrel

קוֹאָלָה
Koala

✦ הַסְּנָאִי מַחְבִּיא אֱגוֹזִים לַחֹרֶף, אֲבָל לִפְעָמִים שׁוֹכֵחַ אֵיפֹה הִנִּיחַ אוֹתָם!
✦A squirrel hides nuts for winter, but sometimes forgets where it put them!

גּוֹרִילָה
Gorilla

חַיּוֹת בַּר
Wild Animals

הִיפּוֹפּוֹטָם
Hippopotamus

פַּנְדָּה
Panda

שׁוּעָל
Fox

קַרְנָף
Rhino

אַיָּל
Deer

דַּג זָהָב
Goldfish

כֶּלֶב
Dog

♦ יֵשׁ תּוּכִּים שֶׁיְּכוֹלִים לַחְזֹר עַל מִלִּים וַאֲפִלּוּ לִצְחוֹק כְּמוֹ בֶּן אָדָם!

♦ *Some parrots can copy words and even laugh like a human!*

חָתוּל
Cat

תּוּכִּי
Parrot

חַיּוֹת מַחְמָד
Pets

קָנָרִית
Canary

✦ צְפַרְדֵּעַ יְכוֹלָה לִנְשֹׁם גַּם דֶּרֶךְ עוֹרָהּ וְגַם דֶּרֶךְ רֵאוֹתֶיהָ!
✦ A frog can breathe through its skin as well as its lungs!

חֲזִיר גִּינֵיאָה
Guinea Pig

צְפַרְדֵּעַ
Frog

אוֹגֵר
Hamster

חַיּוֹת בַּחֲוָה
Animals at the Farm

פָּרָה
Cow

תַּרְנְגוֹלֶת
Chicken

בַּרְוָז
Duck

כֶּבֶשׂ
Sheep

סוּס
Horse

גִּירִית
Badger

דַּרְבָּן
Porcupine

מַרְמִיטָה
Groundhog

✦לַלְטָאָה יֵשׁ יְכוֹלֶת לְהַצְמִיחַ זָנָב חָדָשׁ אִם הִיא מְאַבֶּדֶת אוֹתוֹ!
✦*A lizard can grow a new tail if it loses one!*

לְטָאָה
Lizard

נְמָלָה
Ant

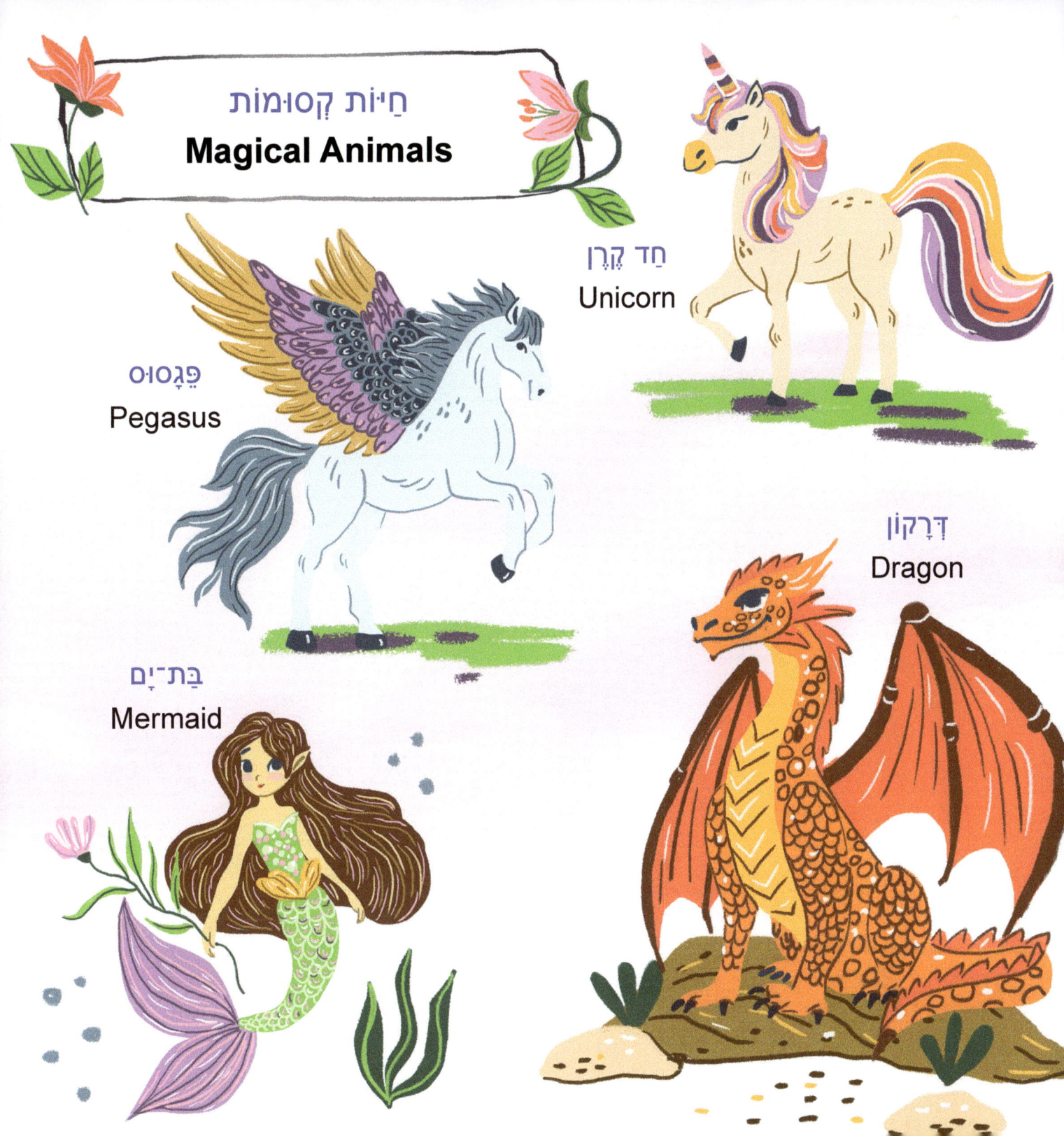

חַיּוֹת קְטַנּוֹת
Small Animals

זִיקִית
Chameleon

עַכָּבִישׁ
Spider

✦ הַיַּעֵן הוּא הָעוֹף הַגָּדוֹל בְּיוֹתֵר, אֲבָל לֹא יָכוֹל לָעוּף!
✦ An ostrich is the biggest bird, but it cannot fly!

דְּבוֹרָה
Bee

✦ הַחִלָּזוֹן נוֹשֵׂא אֶת בֵּיתוֹ עַל גַּבּוֹ וְזוֹחֵל לְאַט מְאוֹד.
✦ A snail carries its home on its back and moves very slowly.

חִלָּזוֹן
Snail

עַכְבָּר
Mouse

חַיּוֹת שְׁקֵטוֹת
Quiet Animals

פָּרַת מֹשֶׁה רַבֵּנוּ
Ladybug

צָב
Turtle

◆ הַצָּב יָכוֹל לָגוּר בְּיַבָּשָׁה וּבַמַּיִם.
◆ *A turtle can live both on land and in water.*

דָּג
Fish

לְטָאָה
Lizard

יַנְשׁוּף
Owl

עֲטַלֵּף
Bat

◆הַיַּנְשׁוּף צָד בַּלַּיְלָה וּמִשְׁתַּמֵּשׁ בַּשְּׁמִיעָה כְּדֵי לִמְצֹא מָזוֹן!
◆An owl hunts at night and uses its hearing to find food!

◆הַגַּחְלִילִית זוֹהֶרֶת בַּלַּיְלָה כְּדֵי לִמְצֹא גַּחְלִילִיּוֹת אֲחֵרוֹת.
◆A firefly glows at night to find other fireflies.

דְּבִיבוֹן
Raccoon

טָרַנְטוּלָה
Tarantula

חַיּוֹת צִבְעוֹנִיּוֹת
Colorful Animals

הַפְּלָמִינְגוֹ וָרֹד
A flamingo is pink

הַיַּנְשׁוּף חוּם
An owl is brown

הַבַּרְבּוּר לָבָן
A swan is white

הַתְּמָנוּן סָגֹל
An octopus is purple

הַצְּפַרְדֵּעַ יְרֻקָּה
A frog is green

✦ הַצְּפַרְדֵּעַ יְרֻקָּה, כָּךְ הִיא יְכוֹלָה לְהִסְתַּתֵּר בֵּין הֶעָלִים.

✦ A frog is green, so it can hide among the leaves.

פַּרְפַּר וְזַחַל
Butterfly and Caterpillar

כֶּבֶשׂ וְטָלֶה
Sheep and Lamb

סוּס וּסְיָח
Horse and Foal

חֲזִיר וַחֲזִירוֹן
Pig and Piglet

עֵז וּגְדִי
Goat and Kid

חַיּוֹת וְהַגּוּרִים שֶׁלָּהֶן
Animals and Their Babies

פָּרָה וְעֵגֶל
Cow and Calf

חָתוּל וְחֲתַלְתּוּל
Cat and Kitten

◆ הָאֶפְרוֹחַ מְדַבֵּר עִם אִמּוֹ גַּם לִפְנֵי שֶׁהוּא בּוֹקֵעַ.
◆ A chick talks to its mother even before it hatches.

תַּרְנְגוֹלֶת וְאֶפְרוֹחַ
Chicken and Chick

כֶּלֶב וּכְלַבְלַב
Dog and Puppy